AF509906

LES SAISONS,

BALLET

REPRÉSENTÉ POUR LA PREMIERE FOIS,

PAR L'ACADEMIE ROYALE

DE MUSIQUE,

Au mois d Octobre 1695.

Remis au Théatre le Mardy 12. Juillet 1712.

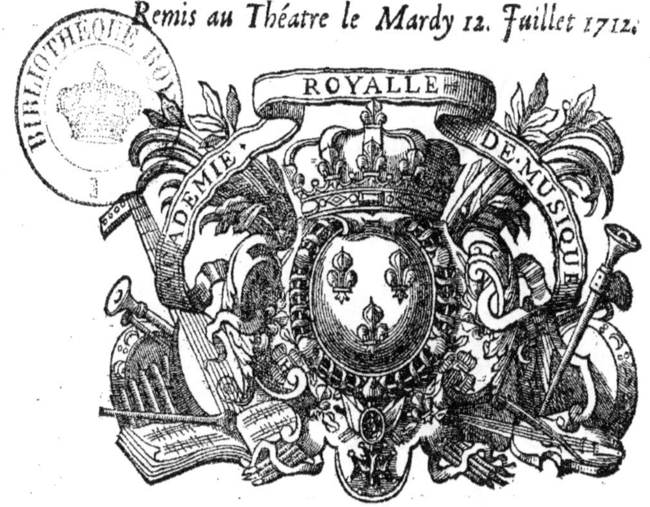

A PARIS,

Chez CHRISTOPHE BALLARD, seul Imprimeur
du Roy pour la Musique, ruë S. Jean de Beauvais,
au Mont-Parnasse.

M. DCC XII.

Avec Privilege de Sa Majesté.

LE PRIX EST DE TRENTE SOLS.

PERSONNAGES
CHANTANTS ET DANSANTS
DU PROLOGUE.

CLIO.	Mademoiselle Loignon.
EUTERPE.	Mademoiselle la Roche.
MELPOMENE.	Mademoiselle Dulaurier.
LE PERMESSE.	Monsieur Dun.
UNE BERGERE.	Mademoiselle Kerkof.
APOLLON.	Monsieur Thevenard.

SUITE D'APOLLON.

Mademoiselle Provôt.

Mesdemoiselles Lemaire, Isec, & Haran.

SUITE DU FLEUVE PERMESSE.

Messieurs Gaudrau, Javillier, Favier, & Pieret.

Noms des Actrices & des Acteurs, chantants dans tous les Chœurs du Prologue, & du Ballet.

SECOND RANG.   PREMIER RANG.

MESDEMOISELLES

Linbourg.	Merville.	Dekerkof.	Loignon.
Guillet.	Tetlet.	Baffet.	Billon.
La Roche.			

MESSIEURS

Paris.	Lemire.	Le Jeune.	Morand.
Thomas.	Defouche.	Deshayes.	Alexandre.
Courteil.	Renard.	Lebel.	Dupleffis.
Corby.	Juliard.	Cadot.	

On vend le Recueil général des Opera, imprimez en neuf Volumes In-12. ornez de Planches.   18. liv.

On vend feparément le Huitiéme & le Neuviéme Volumes.

On vend la feconde Edition de la Mufique de ce Ballet, imprimée en une Partition In-quarto, reliée.   8. liv.

PERSONNAGES
CHANTANTS ET DANSANTS
DU BALLET.

PREMIERE ENTRE'E.

LE PRINTEMPS.	Monfieur Cocherau.
LZEPHIRE.	Monfieur Beaufort.
CLORIS.	Mademoifelle Linbourg.
FLORE.	Mademoifelle Pouffin.

SUITE DE ZEPHIRE.

Monfieur D Dumoulin.

Meffieurs Germain , Gaudrau , F-Dumoulin,
& P-Dumoulin.

SUITE DE FLORE.

Mefdemoifelles Mangot , Ifec , Haran, & Doflife.

SECONDE ENTRÉE.

L'ESTE'.	Monfieur Chopelet.
VERTUMNE.	Monfieur Thevenard.
POMONE.	Mademoifelle Journet.
CERE'S.	Mademoifelle Antier.
UNE BERGERE.	Mademoifelle Dulaurier.

FESTE DE VILLAGE.

LE SEIGNEUR.	Monfieur Marcel.
SA FEMME.	Mademoifelle Maugis.
LA FILLE.	Mademoifelle Provôt.
LE BAILLY.	Monfieur Ferand.
SA FEMME.	Mademoifelle Lemaire.
LE FERMIER.	Monfieur P-Dumoulin.
LA FERMIERE.	Mademoifelle Ifec.

BERGERS.

Meffieurs Favier, Pieret, & Ramau.

BERGERES.

Mefdemoifelles Mangot, Haran, & Doflife.

UN PASTRE.

Monfieur F-Dumoulin.

TROISIÉME ENTRÉE.

L'AUTOMNE.	Monſieur Lemire.
CEPHISE.	Mademoiſelle Linbourg.
ARIANE.	Mademoiſelle Huzé.
BACCHUS.	Monſieur Hardoüin.

VANDANGEURS ET VANDANGEUSES.

Meſſieurs Dangeville, Javilier, Gaudrau, & Duval.
Mademoiſelle Guyot.
Meſdemoiſelles Mangot, Iſec, Haran, & Doſliſe.

UN PAYSAN.	Monſieur Marcel.
SA FEMME.	Mademoiſelle Chaillou.

QUATRIÉME ENTRÉE.

L'HYVER.	Monſieur Mantienne.
BORE'E.	Monſieur Dun.
AQUILON.	Monſieur Chopelet.
ORITHIE.	Mademoiſelle Journet.
APOLLON.	Monſieur de la Roziere.
MOMUS.	Monſieur Hardoüin.

DIVERTISSEMENT GENERAL.

TROUPE DE MASQUES.

Monſieur Blondy.

Meſſieurs Germain , Ferand, Javilier, & Gaudrau.

Meſdemoiſelles Mangot , Haran , Iſec , & Doſlife.

ESPAGNOLS.

Meſſieurs Dumoulin-L. & Marcel.

ESPAGNOLETTES.

Meſdemoiſelles Chaillou , & Maugis.

ARLEQUIN.

Monſieur F-Dumoulin.

PAGODE.

Monſieur P-Dumoulin.

BALLET
DES SAISONS.

PROLOGUE.

Le Théatre repréfente une Campagne embellie de Boccages & de Prairies, coupées par le Fleuve du Permeffe ; & dans l'éloignement le Mont-Hélicon.

SCENE PREMIERE.

MELPOMENE, EUTERPE, CLIO, Le PERMESSE, appuyé fur une Urne.

ENSEMBLE.

AH ! que font devenus nos jours les plus charmans !

MELPOMENE.

Quand pourrons-nous bannir cette fombre trifteffe
Qui regne depuis fi long-tems
Dans les climats où coule le Permeffe ?

A

2 BALLET DES SAISONS.
ENSEMBLE.

Ah ! que font devenus nos jours les plus charmans !
EUTERPE.
La Gloire trop heureuse,
Du Heros qu'elle fert borne tous les defirs,
Avec elle autrefois nous faifions fes plaifirs :
Non , rien ne peut calmer nôtre douleur affreufe.

ENSEMBLE.

Ah ! que font devenus nos jours les plus charmans !
LE FLEUVE.
Vous éternifez fa memoire
Par le recit de fes Faits éclatans ;
Vous fauvez fon grand Nom de l'outrage du tems,
Et tous vos foins font pour fa gloire.
CLIO.
La feule Paix a dequoy le charmer ;
Préparez vos concerts & ceffez de vous plaindre :
Quoi qu'il puiffe fe faire craindre
Il aime mieux fe faire aimer.

On entend un Concert harmonieux, qui annonce
l'arrivée d'Apollon.
ENSEMBLE.

Quel bruit, quel douce harmonie
Vient diffiper nôtre mélancolie ?
LE PERMESSE fe leve & vient fur le Théatre.

SCENE SECONDE.

LE PERMESSE & LES TROIS MUSES.

LE PERMESSE.

Moderez vôtre cours, coulez plus lentement,
Impatientes Ondes,
Vôtre murmure trouble un concert si charmant ;
Coulez plus lentement,
Impatientes Ondes,

Et vous Divinitez des eaux,
Sortez de vos grottes profondes,
Pour écouter des chants si doux & si nouveaux.

Les Nymphes & les Nayades sortent des eaux.

CLIO.

Ce bruit me fait connoître
Qu'Apollon va paroître.

LE PERMESSE.

Nous allons joüir des beaux jours
Par son auguste presence ;
Ondes, reprenez vôtre cours,
Portez en cent climats sa gloire & sa puissance.

SCENE TROISIÉME.

LE PERMESSE, LES TROIS MUSES, LES NYMPHES, LES NAYADES, APOLLON, dans un Char brillant.

APOLLON.

Finissez vos soûpirs,
Je ramene en ces lieux les Jeux & les Plaisirs.
Le plus grand Heros de la Terre
Occupé nuit & jour du soin de ses Sujets
Au milieu de la Guerre,
Leur fait goûter une profonde Paix.

LES TROIS MUSES.

Ses Ennemis troublez, redoutent sa colere,
Son bras confond leur orgueil témeraire.

APOLLON.

Admirez ses vertus, celebrez ses bienfaits;
Qu'il regne sur vous à jamais.

LES TROIS MUSES & LE PERMESSE.

Admirons ses Vertus, celebrons ses bienfaits,
Qu'il regne sur vous à jamais.

PROLOGUE.

APOLLON.

Ces Vers
font de
Monfieur
Quinault.

Vivant fous fa conduite,
Mufes, dans vos concerts,
Chantez ce qu'il a fait, chantez ce qu'il médite,
Et portez-en le bruit au bout de l'Univers:
Dans ce Recit, faites entendre
A l'Empire François ce qu'il doit efperer,
Au Monde entier ce qu'il doit admirer,
Aux Rois ce qu'ils doivent apprendre.

CHOEUR.

Rangeons-nous fous fes loix,
Il eft beau de les fuivre.

APOLLON.

Rien n'eft fi doux que de vivre,
A la Cour de LOUIS, le plus parfait des Rois.

Monfieur
Quinault.

CHOEUR.

Rien n'eft fi doux que de vivre,
A la Cour de LOUIS, le plus parfait des Rois,

APOLLON.

Je vais terminer la querelle
Qui defunit les Saifons aujourd'huy:
Occupez-vous de fa gloire nouvelle,
Et formez des concerts qui foient dignes de Luy.

APOLLON s'enleve fur fon Char.

6 BALLET DES SAISONS, PROLOGUE.

LES TROIS MUSES & LE PERMESSE.

De nos charmans concerts que l'Echo retentisse,
Qu'avec nous tout s'unisse :
Celebrons les fameux exploits
Du plus parfait des Rois.

LE PERMESSE & LES CHOEURS.

La Gloire s'attache sans cesse
Aux pas de ce fameux Vainqueur ;
S'il fait admirer sa sagesse,
Il fait redouter sa valeur.

Les Muses & le Permesse se retirent.

CHOEUR.

Aimons sans nous contraindre,
Nous n'avons rien à craindre ;
Jusques dans ses rigueurs
L'Amour a des douceurs :

L'Objet le plus severe
S'arme envain de fierté ;
Quand on sçait l'art de plaire,
On est bien-tôt écouté.

FIN DU PROLOGUE.

PREMIERE ENTRÉE.

Le Théatre repréſente une Campagne riante, coupée de pluſieurs Ruiſſeaux, & bordée de Côteaux couverts de fleurs & de verdure.

Dans cette premiere Entrée on repreſente l'Amour coquet.

SCENE PREMIERE.

LE PRINTEMPS.

'Affreuſe Diſcorde en ce jour
Renouvelle entre nous une guerre fatale;
Chaque Saiſon tour à tour
Veut l'emporter ſur ſa rivale.

Mais envain au Printemps on croit donner la loy,
J'eſpere qu'Apollon s'expliquera pour moy.

J'anime toute la Nature,
Des plus affreux Hyvers j'écarte les frimats,
J'amene les beaux jours, les fleurs & la verdure ;
La Terre à mon retour reprend tous ses appas.

Les Ris, les Jeux, la charmante Jeunesse,
Accompagnent toûjours mes pas :
Les Plaisirs me suivent sans cesse,
Tout languit où je ne suis pas.

Pour obtenir la preference,
Faisons éclater ma puissance.

Assemblons les Plaisirs avec tous leurs attraits ;
Que la Terre embellie étale mes bienfaits ;
Que la brillante Flore & le jeune Zéphire,
Parfument en ces lieux l'air que l'on y respire.

SCENE II.

SCENE DEUXIÉME.

ZÉPHIRE.

CHarmans Ruiſſeaux, Boccages renaiſſans,
Vous aviez autrefois dequoi flatter mes ſens;
Je goûtois à vous voir une douceur extrême :

Si pour mes yeux vous n'avez plus d'appas,
Ah ! ne vous en offenſez pas,
Ils n'en ſçauroient trouver loin de celle que j'aime.

CLORIS paroît ſans être apperçûë de ZE'PHIRE.

Mon cœur inconſtant & leger
S'eſt toûjours fait un plaiſir de changer :

A brûler plus d'un jour rien n'a pû le contraindre ;
Mais il revient à Flore, elle fixe mes vœux,
Ses appas dans mon ame ont rallumé des feux
Que je ne puis éteindre.

Je vois Cloris.

SCENE TROISIÉME.

ZÉPHIRE, CLORIS.

CLORIS.

Finissez vos regrets.

ZÉPHIRE.

Flore ne répond point à mon impatience.

CLORIS.

Dans ces lieux sa presence
Va bien-tôt dissiper vos chagrins inquiets.

ZÉPHIRE.

Vous pouvez adoucir les maux de son absence,
Vous êtes à mes yeux plus belle que jamais :
Si vous blâmez mon inconstance ,
N'en accusez que vos attraits.

CLORIS.

Je ne puis rien comprendre à vôtre humeur legere.

ZÉPHIRE.

L'Amour est un tribut qu'on doit à la beauté.

CLORIS.

Vos discours ne me touchent guere ,
Je connois trop vôtre legereté.

Vous sentez , malgré vous , affoiblir vôtre chaîne
Quand vous voyez Flore un moment ;
Vous la cherchez avec empressement ,
Et vous la quitterez sans peine.

DES SAISONS.

ZÉPHIRE.

Le seul Amour a droit de nous charmer,
A son gré, sous ses loix, il nous range;

Est-ce ma faute, si je change,
Lorsque d'un feu nouveau ce Dieu veut m'enflâmer ?

On entend un bruit de Musique, & on voit la Terre
s'embellir.

CLORIS.

Que vois-je ? la Terre se pare
De ses ornements les plus beaux ;

Quelle douceur se mêle au murmure des eaux ?
Le Ciel prodigue icy ce qu'il a de plus rare ;
Tout y semble charmer les soins de mon amour:
O Dieux ! c'est la brillante Flore,
Les Fleurs que sous nos pas la Terre fait éclore
M'annoncent son retour.

SCENE QUATRIÉME.

ZÉPHIRE, FLORE & CLORIS.
Troupe de Nymphes de la Suite de Flore.

ZÉPHIRE.

Belle Flore, que vôtre absence
Expose un cœur fidele à de funestes coups!
Les maux les plus cruels de l'Amour en couroux
N'égalent point la violence
Des maux qu'on souffre en vôtre absence.

FLORE.

Me venez-vous offrir de volages amours?

ZÉPHIRE.

Mon cœur brûle pour vous d'une flâme éternelle.

FLORE.

Avant que le Printemps eût fini les beaux jours
Je le verrois infidele,
Si je voulois répondre à vôtre ardeur nouvelle.

ZÉPHIRE.

Non, je ne puis cesser d'adorer vos attraits.

FLORE.

Non, je ne vous croirai jamais.

ZÉPHIRE.

Croyez-en mes ferments, mon amour est extrême.

FLORE.

Je vous connois mieux que vous-même,
Tous vos ferments font fuperflus :
Bien-tôt vous ne m'aimeriez plus,
Si je difois que je vous aime.

ZÉPHIRE.

Vôtre froideur pour moy s'explique chaque jour.

FLORE.

Une cruelle experience
Me doit faire craindre l'Amour.

Sous une trompeufe apparence,
Il triomphe aifément de nôtre refiftance ;
Helas ! il s'en faut bien, quand il nous a foûmis,
Qu'il tienne ce qu'il a promis !

ZÉPHIRE.

Fiez-vous à l'Amour, fes rigueurs inhumaines
Ne doivent point caufer de trouble ni d'ennui ;
Il ne promet jamais de douceurs incertaines ;
Il a dequoi payer les peines
D'un cœur qui s'abandonne à lui.

FLORE.

Jusques dans ses plaisirs il nous force à nous plaindre.

ZÉPHIRE.

Cessez de craindre,
Quittez une vaine fierté.

FLORE.

Cessez de me contraindre
Mon cœur n'est que trop agité.

ENSEMBLE.

Ah ! qu'il est mal-aisé, quand l'amour est extrême,
De resister à ce qu'on aime.

ZÉPHIRE.

Pour triompher des Saisons aujourd'huy,
Le Printemps vient icy faire briller sa gloire ;
Secondons ses efforts, une telle victoire
Nous regarde aussi-bien que luy.

SCENE CINQUIÉME.

ZÉPHIRE, FLORE, & leur Suite,

LE PRINTEMPS & sa Suite, CLORIS,
Troupe de Jeux & de Plaisirs.

LE PRINTEMPS.

JEune Zéphire, & vous belle Déesse,
Rassemblez vos attraits, ma gloire vous en presse,
Joignez la douceur des amours
A la douceur des beaux jours.

LE PRINTEMPS & LE CHOEUR.

C'est envain que la sagesse
Veut forcer nos sentimens,

Pour les cœurs que l'Amour blesse
Tous les plaisirs sont charmans ;
Quand on n'a point de tendresse,
On n'a point d'heureux moments.

ZE'PHIRE & LE CHOEUR.

Tout cede à vos doux appas, Déesse,
Tout cede à vos doux appas :

Quand par vos yeux l'amour blesse,
Quel cœur ne se soûmet pas ?
Tout cede à vos doux appas, Déesse ;
Tout cede à vos doux appas,

BALLET.

Les Ris, les Jeux, la Jeuneße
Sans ceße suivent vos pas ;
Tout cede à vos doux appas , Déeße ,
Tout cede à vos doux appas.

FLORE.

Amour, tu m'as soûmise encore à ta puißance
Loin de te faire resistance ,
A reprendre mes nœuds j'ay trouvé des appas.

Je devois éviter une chaîne nouvelle ;
Mais , si Zéphire enfin est devenu fidele ,
Amour , je te dois trop , je ne m'en repens pas.

ZÉPHIRE & LES CHOEURS.

Le Printemps est comblé de gloire ,
Il brille dans tout l'Univers ;
Celebrons dans nos Concerts
Sa nouvelle victoire.

Le Mardy 20 Juillet , jour de la quatriéme Repréfen-
tation de cette Remise , Mademoifelle Aubert a chanté
dans le Divertiflement de cette Entrée , l'Air de Monfieur CAMPRA , *l'Amour s'envole au bruit des armes* , qui
fe trouve page 20. des Airs ajoûtez à HESIONE.

FIN DE LA PREMIERE ENTRE'E.

SECONDE

SECONDE ENTRÉE.

Le Théatre repréſente un Verger magnifique,
& dans l'éloignement la Terre couverte
de moiſſons.

Dans cette ſeconde Entrée on repréſente l'Amour conſtant & fidele.

SCENE PREMIERE.

L'ESTÉ.

E viens accomplir les promeſſes
Que le Printemps a fait à l'Univers ;
Par tout on voit les champs couverts
De mes abondantes richeſſes.

Sans moy, ſans mon divin ſecours,
Vainement les Mortels commenceroient de vivre ;
Bien-tôt l'affreuſe faim termineroit leurs jours ;
C'eſt moy ſeul qui les en délivre.

Mes Dons ſont précieux, on ne me voit jamais
Sans Vertumne, Pomone, & l'aimable Cérés.

C

SCENE DEUXIÉME.

L'ESTÉ, VERTUMNE.

L'ESTÉ.

Quelle sombre mélancolie
Entretient vôtre rêverie ?

VERTUMNE.

L'Amour me fait sentir ses plus funestes coups,
Pomone est à mes vœux toûjours inéxorable.

L'ESTÉ.

Esperez un destin plus doux,
Il vient un temps où l'Amour favorable
Adoucit son courroux :
Il faut sur les Saisons remporter la victoire ;
Unissons nos efforts dans nos communs besoins,
Triomphons, s'il se peut ; vous partagez ma gloire,
Vous devez partager mes soins.

SCENE TROISIÉME.

VERTUMNE.

Que mon destin est déplorable!
Que mon desespoir est affreux!
Amour impitoyable,
Si tu ne veux me rendre heureux,
Ah! laisse-moy du moins le funeste avantage
De haïr enfin qui m'outrage,
Et de pouvoir briser mes nœuds.

POMONE paroît, & veut éviter VERTUMNE.

Je vois Pomone qui s'avance ;
Elle approche à regret, elle craint ma presence.

SCENE QUATRIÉME.

VERTUMNE, POMONE.

VERTUMNE.

SI vous m'aviez crû dans ces lieux,
Vous m'auriez évité, je le vois à vos yeux.

POMONE.

Je fuis l'Amour avec un soin extrême,
Vous m'en parlez, toûjours, je ne veux plus vous voir ;
Je crains son funeste pouvoir ;
Je ne vous fuïrois pas si vous étiez de même.

VERTUMNE.

Non, vous ne fuyez point l'Amour,
Vous fuyez un Amant que vôtre cœur dédaigne ;
Ah ! je ne vois que trop ce qu'il faut que je craigne ;
Vôtre haine pour moy redouble chaque jour.

POMONE.

Mon cœur n'a contre vous ni haine ni colere,
Si je vous haïssois je ne vous fuyrois pas ;
Je redoute un penchant à mon repos contraire,
L'Amour incessamment vous attache à mes pas,
Je fuis ses dangereux appas.

VERTUMNE.

Envain je me fais violence,
Je jure chaque jour de ne vous voir jamais,
Et de forcer mon amour au silence ;
Si-tôt que je revois vos dangereux attraits
Je ne me souviens plus des serments que j'ay faits.

POMONE.

Ne vous rebutez point, osez tout entreprendre,
On peut vaincre l'Amour avec un peu d'effort ;
Il n'est jamais le plus fort,
Quand on veut bien s'en défendre.

VERTUMNE.

C'est par vos yeux qu'il regne dans les cœurs,
A ses dangereuses douceurs
Dès qu'on vous voit il faut se rendre ;
N'aimerez-vous jamais à vôtre tour ?
Vous disposez de l'amour,
Pour en donner, & pour n'en jamais prendre.

POMONE.

Vous ne cherchez qu'à troubler ma raison,
Il ne faut qu'un moment pour se laisser surprendre ;
Je dois de vos discours éviter le poison,
Et je ne veux plus les entendre.

VERTUMNE.

Ingratte, c'en est fait, je ne vous verray plus,
Je suis trop rebuté par vos cruels refus,
Vos mépris contre moy n'ont que trop sçû paroître.

P O M O N E.

O Dieux !

V E R T U M N E.

Quoy ! vous plaignez mon destin rigoureux ?

P O M O N E.

Je ne connoissois point les tourments amoureux ;
Et ! pourquoy voulez-vous me les faire connoître ?

E N S E M B L E.

L'Amour soûmet les Hommes & les Dieux ;
Tout ce qu'on fait pour s'en défendre
Ne sert qu'à rendre
Son triomphe plus glorieux.

V E R T U M N E.

Ah ! que l'Amour a peu de gloire,
Lorsque par vous il triomphe d'un cœur !

Ses traits n'ont point de part à sa victoire,
De son triomphe il vous doit tout l'honneur :
C'est par vos appas qu'il est vainqueur,
Il ne faut que vous voir, pour le croire ;

Ah ! que l'Amour a peu de gloire,
Lorsque par vous il triomphe d'un cœur !

CÉRÈS paroît.

P O M O N E.

Cérés vient honorer ces lieux de sa presence.

SCENE CINQUIÉME.

CÉRÉS, VERTUMNE, POMONE.

CÉRÉS.

JE vois avec plaisir vos cœurs d'intelligence,
Vertumne, enfin, n'est plus si rebuté :
Que sur nos foibles cœurs l'Amour a de puissance !
On s'arme contre luy d'une vaine fierté.

ENSEMBLE.

Il faut céder, il faut se rendre
En faveur d'un amour si tendre & si charmant :

Quel cœur peut long-tems se défendre
Contre un parfait Amant ?

Il faut céder, il faut se rendre
En faveur d'un amour si tendre & si charmant.

VERTUMNE.

Je n'ay point de regret aux rigueurs de mes chaînes,
J'en suis assez recompensé.
Qu'avec plaisir quand l'orage est passé,
On se ressouvient de ses peines !

CÉRÉS.

Ah! faut-il que vôtre bonheur
Rappelle à mon esprit ma perte trop fatale!

Le Dieu dont l'univers adore la grandeur,
Brûloit pour moy d'une ardeur sans égale ;
Helas! il me préfére une heureuse Rivale ;
J'ay perdu pour jamais son cœur.

Ah! faut-il que vôtre bonheur
Rappelle à mon esprit ma perte trop fatale!

Aprés tant d'injustes rigueurs
Pomone, enfin, aime un Dieu qui l'adore ;
D'une amour mutuelle ils goûtent les douceurs ;
Tandis que je verse des pleurs
Pour un Ingrat que j'aime encore
Malgré ses volages ardeurs.

VERTUMNE.

Les plus grands Dieux ont leurs foiblesses.

CÉRÉS.

L'Esté vient en ces lieux étaler les richesses
Qui comblent l'espoir des Humains,
Unissons-nous à ses desseins.

SCENE VI.

SCENE SIXIÉME.

L'ESTÉ, CÉRÉS, VERTUMNE, POMONE.

CÉRÉS.

*L*Es Mortels n'ont plus rien à craindre ;
    Pour répondre à leurs vœux,
J'ay suspendu les soins de mon cœur amoureux :
    Helas ! je suis seule à me plaindre
    Quand je rends tout le monde heureux !

    Je ne prétends point vous contraindre,
    Jouïssez de vôtre bonheur,
    Laissez-moy ma douleur.

CÉRÉS sort.

L'ESTÉ.

Un sort heureux suivra nôtre entreprise,
    Cérés nous favorise,

    Nos plus fiers Ennemis
    Seront étonnez, & soûmis.

CHOEUR.

    Nos plus fiers Ennemis
    Seront étonnez & soûmis ;

    Cérés nous favorise,
Un sort heureux suivra nôtre entreprise ;

    Nos plus fiers Ennemis
    Seront étonnez & soûmis.

D

L'ESTÉ.

Dans le bel âge à quoy bon vous contraindre ?
Jeunes Beautez, laißez-vous enflâmer,
Rien n'est si doux que le plaisir d'aimer ;
L'indifference est tout ce qu'il faut craindre.

UNE BERGERE, alternativement avec
LE CHOEUR.

Rendez-vous, Beautez cruelles,
Profitez d'un temps si doux ;

L'Amour sur les cœurs rebelles
Fait éclater son couroux ;
Ses atteintes sont mortelles,
Pourquoy luy resistez-vous ?

L'ESTE'.

Tout flate nôtre esperance,
Nous vaincrons aisément nos Ennemis jaloux ;
L'Amour & l'Abondance
S'unißent avec nous.

L'Este', Vertumne & Pomone se retirent.

FIN DE LA SECONDE ENTRE'E.

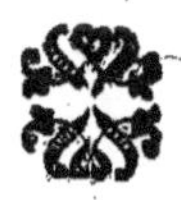

TROISIÉME ENTRÉE.

Le Théatre repréfente de riches Côteaux couverts de vignes, feparées d'efpace en efpace d'arbres chargez de fruits, qui fe joignent les uns aux autres par des feftons de pampres.

Dans cette Troifiéme Entrée, on repréfente l'Amour paifible, ou l'Amour dãs le Mariage.

SCENE PREMIERE.

L'AUTOMNE.

M On retour des Mortels eft toûjours fouhaité,
Je remplis leur efpoir, & mon foin ordinaire
Eft d'achever ce que l'Efté
Ni le Printemps n'avoient pû faire ;
Je produits la douce boiffon
Qui bannit de nos yeux l'importune raifon.

D ij

Bacchus , ce Vainqueur indomptable,
Sans cette liqueur délectable
N'auroit jamais fini tant de fameux exploits:

A long-traits il puisoit à table
Cette valeur incomparable
Qui fit passer l'Orient sous ses loix.

Ariane s'avance,
D'un air sombre & rêveur;
Elle attend icy ce Vainqueur;
Ne troublons point son amoureux silence.

SCENE SECONDE.

ARIANE, CEPHISE.

CEPHISE.

QUand tous vos vœux sont satisfaits
Pourquoy chercher la solitude?

ARIANE.

Amour, laisse mon cœur en paix.

CEPHISE.

Calmez de vôtre cœur la triste inquietude,
Bacchus brûle pour vos attraits.

ARIANE.

Amour, cruel Amour, laisse mon cœur en paix.

Un songe horrible m'épouvante,
Au milieu du sommeil j'ay crû voir ce Vainqueur;
C'étoit luy, j'en fremis d'horreur,
Il soûpiroit aux pieds d'une nouvelle Amante,
Il luy juroit une éternelle ardeur;
J'estois interdite & tremblante;
Envain je luy montrois le trouble de mon cœur,
Le Perfide voyoit d'une ame indifferente,
Et mon amour & ma douleur.

CEPHISE.

Pouvez-vous sur la foy d'une vapeur legere
Qui vous trace en dormant un mal imaginaire,
Livrer à la douleur tant de charmans appas.

ARIANE.

Je voudrois étouffer mes soupçons ; mais, helas !
Tout me fait écoûter ce funeste présage,
Le cœur de Bacchus se dégage
Malgré tous ses détours je vois son changement.

CEPHISE.

Tant d'amour pourroit-il changer en un moment ?

Pour engager nôtre cœur à se rendre
Un moment suffit à l'Amour,
Quand un juste dépit nous force à le reprendre,
Que l'on seroit heureux, s'il ne falloit qu'un jour !

ARIANE.

Je ne m'abuse point, ma peine est sans égale ;
Ah ! si vous voulez, me servir,
Vous m'aiderez à découvrir
Mon heureuse Rivale.

CEPHISE.

Je vois Bacchus, il vous cherche en ces lieux.

ARIANE.

Avec quelle froideur l'Ingrat s'offre à mes yeux !

SCENE TROISIÉME.

BACCHUS, ARIANE.

ARIANE.

VOtre naiſſante ardeur me paroiſſoit extrême,
Rien ne devoit briſer un lien ſi charmant,
Vous n'aveʒ plus pour moy les tranſports d'un Amant,
Lorſque pour vous je ſuis toûjours de même.

BACCHUS.

A vos appas victorieux
Rien n'étoit égal ſous les Cieux,
Lorſque je vous rendis les armes ;
On voit toûjours en vous briller les mêmes charmes,
Et j'ay pour vous les mêmes yeux.

ARIANE.

Vôtre cœur loin de moy chaque jour vous entraîne,
Il ſe fait de nos feux un importun devoir ;
Je vous cherche toûjours, vous me quitteʒ ſans peine,
Et ce n'eſt plus l'amour qui vous rameine
Quand vous chercheʒ à me revoir.

BACCHUS.

L'amour de deux époux doit être plus paiſible ;
Mon cœur ſera toûjours ſenſible
A vos charmants appas ;
Mais je veux, s'il eſt poſſible,
Vous aimer ſans embarras.

 ### BALLET

ARIANE.

Un songe affreux avoit troublé mon ame,
Avec trop de raison.

BACCHUS.

D'une jalouse flâme
Evitez le poison.

ARIANE.

O Ciel ! qu'elle froideur ! mon trouble s'en augmente ;
Dois-je me rassûrer, & puis-je être contente,
Lorsque vous trahissez nos feux :
Helas ! qu'il est facile
De vouloir que l'on soit tranquile,
Quand on ne connoît point les tourments amoureux !

BACCHUS.

Mon ardeur est sincere,
Pourquoy vous plaignez-vous
D'un amour qui n'est point jaloux ?
On ne trouve guere
Un Amant dans un époux.

ARIANE.

Qu'un amour délicat & tendre
Expose à de maux rigoureux !
La raison ne peut nous défendre
De noirs chagrins qui viennent nous surprendre :
Ah ! que c'est un mal dangereux
Qu'un amour délicat & tendre !

BACCHUS.

L'Automne vient, contraignez-vous,
J'auray soin de calmer tous vos soupçons jaloux.

SCENE IV.

SCENE QUATRIÉME.

L'AUTOMNE, BACCHUS, Suite de l'Automne,
Troupe de Vandangeurs.

L'AUTOMNE.

Nos Côteaux délicieux
Sont enrichis de vos dons précieux ;
Vôtre liqueur douce & brillante
Va remplir nôtre attente.

BACCHUS.

Je fais mon suprême bonheur
De donner aux Mortels cette boisson charmante ;
Par son divin secours une ame languissante
Voit du plus noir chagrin dissiper la vapeur.

BACCHUS sort.

L'AUTOMNE.

L'Amour fait aux Mortels une cruelle guerre,
Il désole toute la Terre ;
Entre Bacchus & luy quel cœur peut hesiter ?

Lorsqu'aux loix de Bacchus une ame est asservie,
Il sçait la garentir des troubles de la vie,
Et l'Amour vient les augmenter.

E

Que tes loix ont d'appas, qu'il est doux de s'y rendre !
Bacchus, c'est de toy seul que mon cœur veut dépendre ;

Si quelquefois tu trouble la raison,
C'est pour la garentir du dangereux poison
Que l'Amour y pourroit répandre.

UN VANDANGEUR.

Que l'Amour seroit dangereux
Si Bacchus ne rendoit son pouvoir moins terrible !

LES TROIS VANDANGEURS.
Que l'Amour seroit dangereux
Si Bacchus ne rendoit son pouvoir moins terrible !

Le même jour 20. Juillet, Mademoiselle Aubert a chanté à la fin cette troisiéme Entrée, l'Air de Monsieur BATISTIN, *Non sempre guerriero è il son del la tromba*, qui se trouve page 47. des Airs ajoûtez à THETIS & PELE'E.

FIN DE LA TROISIE'ME ENTRE'E.

QUATRIÉME ENTREE.

Le Théatre repréſente dans l'enfonce-
ment un Palais magnifique , dont la
face principale donne ſur une Place
publique , & l'autre ſur un Jardin à qui
l'Hyver n'a pas encore ôté tout les
agréments.

Dans cette Quatriéme Entrée, on repréſente l'Amour brutal.

SCENE PREMIERE.

L'HYVER.

JE ſors de ma grotte profonde,
Je regne avec horreur ſur la Terre & ſur l'Onde ;
Mais , malgré ma rigueur, la Saiſon des Zéphirs
Raſſemble moins que moy de jeux & de plaiſirs.

E ij

J'interromps les exploits des Vainqueurs de la Terre,
   Quand je viens glacer les Guérets:

   Lorsqu'aux Mortels je declare la guerre ;
   C'est pour les faire vivre en paix.

Dans nos climats glacez, l'amoureuse puissance
   Ne trouve point de resistance ;

   Et le froid Borée à son tour,
Vient de se rendre aux charmes de l'Amour.

SCENE DEUXIÉME.
BORE'E, AQUILON.
AQUILON.

JE ne puis concevoir le trouble de vôtre ame.
BORE'E.
   L'Amour d'un trait de flâme
Vient de percer mon cœur en ce fatal moment ;
J'ay voulu par malheur sur la belle Orithie
   Jetter un regard seulement ;
J'ay vû d'un prompt effet mon audace suivie ;
   Que je payeray chérement
   Ce téméraire empressement !
AQUILON.
Malgré nos vains détours l'Amour sçait nous sur-
prendre.
Des cœurs les plus glacez, il bannit la froideur ;

C'est une erreur
De croire qu'on peut s'en défendre,
C'est une erreur
De l'oser entreprendre.

BORE'E.

Envain mon cœur s'étoit flatté
De défendre sa liberté,
Contre ce Tyran redoutable :

Il étoit fier d'être indompté,
Mais il n'étoit pas indomptable.

AQUILON.

Sur le Dieu des climats glacez
L'Amour vient aujourd'huy de signaler sa gloire.

ENSEMBLE.

Aprés une telle victoire,
Quels cœurs ne seront point blessez ?

BORE'E.

Que vois-je? ô Ciel! c'est Orithie !

Il l'observe.

Elle soûpire, elle rêve en ces lieux ;
Ah! je vois à ses yeux
Que l'Amour tient son ame asservie !
O Dieux ! que d'attraits ! que d'appas !
Que je suis agité d'amour & de colere !

Cachez-vous, Aquilon, ne vous éloignez pas,
Bien-tôt vôtre secours me sera necessaire.

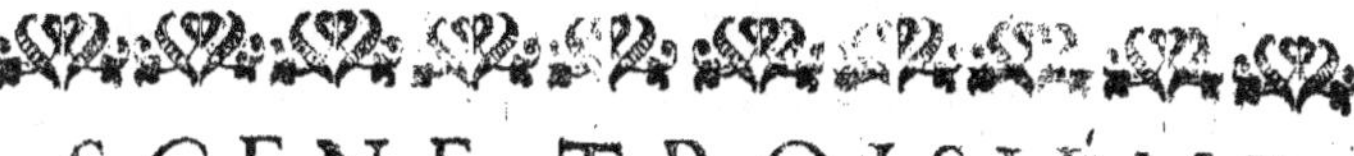

SCENE TROISIÉME.

BORE'E, ORITHIE.

ORITHIE, sans appercevoir BORE'E.

ME plaindray-je toûjours, Amour, sous ton
    empire ?
Ne seras-tu jamais favorable à mes vœux ?

On me fuit, & mon cœur est toûjours amoureux,
Sans espoir de secours je languis, je soûpire.
Me plaindray-je toûjours, Amour, sous ton empire ?

Les plus sombres Forêts, les Antres les plus creux,
Sont les témoins secrets de mon cruel martire ;
Et les Echos touchez de mes cris douloureux,
      Se lassent de redire
      Que mon sort est affreux :
Me plaindray-je toûjours, Amour, sous ton empire,
Ne seras-tu jamais favorable à mes vœux.

BORE'E, sans être apperçû.

Qui peut à son cœur amoureux
Causer cette sombre tristesse ?
Ciel! quel est cet Amant heureux ?

ORITHIE, sans l'appercevoir.

Jaloux soupçons d'un amour malheureux,
Voulez-vous m'allarmer sans cesse ?

Vous ne paroiſſez point, cher Objet de mes vœux,
Zephire, ſe peut-il qu'un nouveau feu vous preſſe ?
Non, vous m'aimez, un amour ſoupçonneux
Offenſeroit vôtre tendreſſe :

Jaloux ſoupçons d'un amour malheureux
Voulez-vous m'allarmer ſans ceſſe ?

BORE'E, à part.

Zephire eſt cet heureux Amant
Qui cauſe mon cruèl tourment !

BORE'E, à ORITHIE.

Vous ne connoiſſez point encore, belle Princeſſe,
Tous les Amants que vous avez ſoûmis.

ORITHIE.

O Dieux !

BORRE'E.

Comme à Zephire il doit m'être permis
De parler du trait qui me bleſſe.

ORITHIE.

Non, Zephire ne m'aime pas,
Il brûle pour d'autres appas.

BORE'E.

Non, vous entreteniez dans cette ſolitude
Vôtre amoureuſe inquietude.

ORITHIE.

Je n'ay jamais ſenti ni l'amour ni ſes traits,
Non je ne veux aimer jamais.

BORE'E.

Zéphire vous adore, il a trop sçû vous plaire;
Mais si dans son amour il demeure obstiné,
Je sçauray bien punir l'audace téméraire
    Où son cœur s'est abandonné.

ORITHIE.

Juste Ciel!

BORE'E.

  Son péril fait naître vos allarmes,
  Vous ne sçauriez cacher vos larmes.

ORITHIE.

Non, ce n'est point l'amour qui cause mon ennuy,
    La pitié seulement m'interesse pour luy.

BORE'E.

Il faut que vôtre cœur aujourd'huy se refuse
Aux tendres sentiments dont vous payez ses feux.

ORITHIE.

  Vous m'accusez à tort.

BORE'E.

  Est-ce ainsi qu'on m'abuse?
  Préparez-vous à m'obeïr.

ORITHIE.

Qu'entens-je?

BORE'E.

  Mon amour ne veut point de replique.

ORITHIE.

  Est-ce ainsi que l'amour s'explique?
  Est-ce se faire aimer, ou se faire haïr?

Porte

Porte ailleurs les fureurs où ton cœur s'abandonne :
Ton amour m'irrite & m'étonne :

Quel cœur d'un tel amour ne seroit point surpris ?
Va, n'espere de moy que haine & que mépris.

BORE'E.

Sans espoir de secours prétendez-vous contraindre
Mon cœur à s'enflâmer ?
Si je ne puis me faire aimer,
Je sçauray bien me faire craindre.

Aquilon, répondez à mes vœux empressez,
Volez, conduisez-nous dans des climats glacez.

ORITHIE.

Quelle barbare violence !
Ciel ! ô Ciel ! prenez ma défense !

SCENE QUATRIÉME.

APOLLON paroît dans un Char brillant,

LES QUATRE SAISONS, MOMUS.

APOLLON.

Quel interêt vous force à vous détruire,
Dieux des Saisons qui partagez mon cours,
Pourquoy cherchez-vous à vous nuire ?
Vous donnez tous aux Mortels d'heureux jours.

F

BALLET

Le doux Printemps ameine l'esperance,
L'Esté vient avec l'abondance,
Et l'Automne produit le Nectar précieux
Qu'on boit à la Table des Dieux.

Les Jeux suivent l'Hyver, c'est luy qui les rassemble ;
Vous avez tous un employ glorieux,
Vous rendez heureux ensemble
Tout ce qu'on voit sous les cieux.

Sans vous piquer de préference,
Soyez toûjours d'intelligence,
Et joüissez des jeux & des plaisirs.
Que l'Hyver offre à vos desirs.

CHOEUR.

Sans nous piquer de préference,
Soyons toûjours d'intelligence :
Redoublons nos concerts,
Et faisons retentir dans le vague des airs
Nôtre réjoüissance.

MOMUS.

Mars ne ravage plus la Terre,
L'Hyver a fait cesser les fureurs de la guerre,
Il ramene avec luy les Jeux & les Amours ;
Cette Saison vaut bien la Saison des beaux jours.

SCENE CINQUIÈME.

APOLLON, LES QUATRE SAISONS, MOMUS, & leur Suite.

MOMUS.

Aimable Jeux, faites-vous reconnoître,
Venez, venez, hâtez-vous de paroître :
Sous de nouveaux déguisements,
Formez de cette Cour les doux amusements.

APOLLON se retire.

SCENE SIXIÈME.

Les mêmes Acteurs de la Scene précedente.
Troupe de Jeux & de Plaisirs.

LES QUATRE SAISONS.

LE Dieu qui repand la lumiere
A comblé tous nos desirs ;
Joüissons des plus doux plaisirs,
Pendant qu'il suivra sa carriere.

Le Chœur repéte ces quatre derniers vers.

FIN DE LA IVme. ET DERNIERE ENTRE'E.

PRIVILEGE GENERAL.

LOUIS PAR LA GRACE DE DIEU, ROY DE FRANCE ET DE NAVARRE: à nos amez & feaux Conseillers, les Gens tenant nos Cours de Parlement, Maîtres des Requêtes ordinaires de nôtre Hôtel, Grand Conseil, Prévôt de Paris, Baillifs, Senéchaux, leurs Lieutenants Civils, & autres nos Justiciers qu'il appartiendra, SALUT: Le Sieur GUYENET, nôtre Conseiller-Tresorier-General-Receveur & Payeur des Rentes de l'Hôtel de nôtre bonne Ville de Paris, Nous a fait remontrer qu'ayant obtenu de Nous le Privilege de faire representer les OPERA durant le temps de dix années, à compter du premier Mars 1709. Il auroit depuis acquis les Privileges que Nous avions cy-devant accordez aux Sieurs de Francini, de Lully fils, & Ballard, pour l'impression desdits OPERA, lesquels il desireroit donner au Public, s'il Nous plaisoit luy accorder nos Lettres de Privilege sur ce necessaires. A CES CAUSES, desirant favorablement traiter l'Exposant, attendu les grandes dépenses qu'il convient faire, tant pour l'Impression que pour la Gravure en Taille-douce des Planches dont ce Livre sera orné. Nous luy avons permis & permettons par ces présentes de faire imprimer & graver les PAROLES, ET LA MUSIQUE DE TOUS LESDITS OPERA QUI ONT ETE', OU QUI SERONT REPRESENTEZ PAR L'ACADEMIE ROYALE DE MUSIQUE, tant separement, que conjointement, en telle forme, marge, caractere, nombre de Volumes, & de fois que bon luy semblera, & de les faire vendre & debiter par tout nôtre Royaume, pendant le temps de dix années consecutives, à compter du jour de la datte desdites présentes. FAISONS D'EFENSES à toutes personnes de quelque qualité & condition qu'elles puissent être, d'en introduire d'impression étrangere, dans aucun lieu de nôtre obeissance; Et à tous Imprimeurs, Libraires, Graveurs, & autres, d'Imprimer, faire Imprimer, vendre, faire vendre, debiter, ny contrefaire lesdites Impressions, Planches & Figures, en tout ny en partie, sans la permission expresse & par écrit dudit Sieur Exposant, ou de ceux qui auront Droit de luy, à peine de confiscation des Exemplaires contrefaits, de six mil livres d'amende contre chacun des contrevenants; dont un tiers à Nous, un tiers à l'Hôtel-Dieu de Paris, l'autre tiers audit Sieur Exposant, & de tous dépens, dommages & interests: à la charge que ces présentes seront Enregistrées tout au long sur le Registre de la Communauté des Imprimeurs & Libraires de Paris, & ce dans trois mois de la datte d'icelles; Que la Gravure & Impression desdits Opera, sera faite dans nôtre Royaume, & non ailleurs, en bon Papier & en beaux Caracteres conformement aux Reglements de la Librairie; & qu'avant que de les exposer en vente, il en sera mis deux Exemplaires dans nôtre Bibliotheque publique, un dans celle de nôtre Château du Louvre, & un dans celle de nôtre tres-cher & feal Chevalier Chancellier de France le Sieur Phelypeaux, Comte de Pontchartrain, Commandeur de nos Ordres; le tout à peine de nullité des présentes: du contenu desquelles, vous mandons & enjoignons de faire joüir ledit Sieur Exposant, ou ses Ayants cause, pleinement & paisiblement sans souffrir qu'il leur soit fait aucun trouble ou empêchement. VOULONS que la copie desdites présentes, qui sera imprimée, au commencement ou à la fin desdits Opera, soit tenuë pour düement signifiée, & qu'aux copies collationnées, par l'un de nos amez & feaux Conseillers & Secretaires, foy soit ajoûtée comme à l'Original. COMMANDONS au premier nôtre Huissier ou Sergent, de faire pour l'exécution d'icelles, tous Actes requis & necessaires, sans demander autre permission, & nonobstant Clameur de Haro, Charte Normande, & Lettres à ce contraires : CAR tel est nôtre plaisir DONNE' à Paris le vingt-deuxiéme jour de Juin, l'An de grace 1709. Et de nôtre Regne, le soixante-septiéme. Par le ROY, en son Conseil. Signé, LE COMTE, avec paraphe, & scellé.

J'ay cedé à Monsieur *Ballard*, seul Imprimeur du Roy pour la Musique, suivant le Traité fait avec luy le 19e. jour d'Avril 1709. A Paris ce 11. Juillet 1709.

Registré sur le Registre N. 2. de la Communauté des Imprimeurs & Libraires & 90. conformément aux Reglements, & nottament à l'Arrest du Conseil le 11. Juillet 1709. Signé L. SEVESTRE, Syndic.